¿QUIÉN REINA EN EL MAR?

Nivel 2

Quiero aprender

Proyecto GUARDIANES DEL PLANETA

OBJETIVOS DE DESARROLLO SOSTENIBLE

EDUCACIÓN INFANTIL

Bruño

BALLENA
PULPO
CABALLITO DE MAR
PLÁSTICO

PETRÓLEO
DELFÍN
PEZ ESPADA
REDES

UN DÍA AL AÑO, LOS ANIMALES MARINOS
SE REÚNEN EN LAS PROFUNDIDADES DEL MAR
PARA DECIDIR QUIÉN VA A REINAR EL PRÓXIMO AÑO.

–REINARÁ –DICE EL TIBURÓN CON VOZ
MUY GRAVE– QUIEN TENGA LA MEJOR IDEA
PARA CUIDAR EL MAR.

¿A QUIÉN VAN A ELEGIR LOS ANIMALES DEL MAR? COLOREA EL OBJETO QUE UTILIZARÁ ESE ANIMAL.

–¡QUE HABLEN LOS CANDIDATOS! –EXCLAMA EL TIBURÓN.

–YO LIMPIARÉ LAS AGUAS DE LOS PLÁSTICOS QUE NOS ESTÁN INVADIENDO –DICE EL DELFÍN.

¿QUÉ OBJETOS QUIERE RETIRAR EL DELFÍN? RODÉALOS.

—YO QUITARÉ DEL MAR EL PETRÓLEO QUE LANZAN LOS BARCOS —DICE LA BALLENA—. Y LOS ANIMALES MÁS GRANDES, QUE VIVEN FUERA DEL AGUA, ME AYUDARÁN A LIMPIAR LAS PLAYAS.

¿QUÉ ANIMALES AYUDARÁN A LA BALLENA? COLORÉALOS.

UN PEZ CON DIENTES MUY AFILADOS EXCLAMA:
—¡SI LLEGO A SER EL REY DEL MAR, NINGÚN HABITANTE VOLVERÁ A QUEDAR ATRAPADO EN UNAS REDES!

—YO COMPARTIRÉ MI REINADO CON OTROS MUCHOS ANIMALES MARINOS —DICE EL CABALLITO DE MAR—. NUESTROS MARES NECESITAN MUCHOS REYES Y REINAS QUE LOS CUIDEN.

- ¿CON QUIÉN COMPARTIRÁ EL CABALLITO SU REINADO? UNE EL CABALLITO CON LA BURBUJA CORRECTA.

CADA ANIMAL VOTA PARA ELEGIR AL NUEVO MONARCA.
—¡CABALLITO! —DICE EL PRIMERO.
—¡CABALLITO! —EXCLAMA EL SEGUNDO.
¡CABALLITO! ¡CABALLITO! ¡CABALLITO!

- ¿QUÉ ANIMAL SERÁ EL PRÓXIMO REY? COLORÉALO.
- DESPUÉS, REPASA LAS PALABRAS.

¡GENIAL!

EN ESE MOMENTO, APARECEN CIENTOS
DE CABALLITOS DE MAR CON SUS CORONAS
BRILLANTES Y DORADAS. TODOS LOS PECES
SIGUEN A LOS CABALLITOS.

EN CUANTO COMIENZAN A AYUDARLES, SOBRE SUS CABEZAS SE DIBUJAN UNAS RESPLANDECIENTES CORONAS.

ENTRE TODOS HACEN DEL MAR UN LUGAR MÁS LIMPIO Y ACOGEDOR.

- ¿QUÉ LES FALTA EN LA CABEZA A CUATRO DE LOS PECES QUE AYUDAN A LOS CABALLITOS DE MAR? DIBÚJALO.

Y A TI, ¿TE GUSTARÍA REINAR EN EL MAR?

- DECORA LA CORONA.
- ¿QUÉ HARÍAS TÚ PARA CUIDAR EL MAR?